Bandnudeln mit Lamm und Rosmarin

2 Stangen Lauch • 3 Möhren • 2 Zwiebeln • 2 Knoblauchzehen • 2 TL Olivenöl extra vergine • 300 g Lammgulasch aus der Keule (TK erhältlich) • Jodsalz • schwarzer Pfeffer • 1 Zweig Rosmarin • 2 Lorbeerblätter • 2 Gewürznelken • 200 ml trockener Rotwein • 300 ml Gemüsebrühe • 400 g Tagliatelle

Zutaten für 4 Personen
Pro Portion: 18 g Fett - 624 kcal
Zubereitung: 1 Std.

1 Gemüse putzen, gründlich waschen und in feine Scheiben schneiden. Zwiebel und Knoblauch schälen, achteln bzw. klein schneiden. Öl erhitzen, Fleisch darin von allen Seiten kräftig anbraten, Gemüse hinzugeben und kurz mitdünsten.

2 Mit Salz, Pfeffer, Rosmarin, Lorbeer und Nelken würzen, Rotwein und Brühe angießen. Zugedeckt unter regelmäßigem Umrühren ca. 40 Min. schmoren. Bei Bedarf noch Gemüsebrühe angießen.

3 Etwa 15 Min. vor Ende der Garzeit reichlich Salzwasser für die Nudeln aufkochen, Nudeln nach Packungsangabe al dente garen, abgießen, abtropfen lassen und auf 4 Teller verteilen. Lorbeerblatt und Nelken aus der Soße nehmen, Gulasch über die Nudeln geben, sofort servieren.

Gulasch lässt sich ideal vorbereiten und bietet eine deftig-feine Mahlzeit für Gäste.

Basilikumnudeln mit frischen Pfifferlingen

Für den Teig: 1 großes Bund Basilikum • 300 g Weizenmehl (Type 405) • Jodsalz • 3 Eier
Für die Soße: 500 g Pfifferlinge • 2 Schalotten • 1 El Olivenöl extra vergine • Jodsalz • schwarzer Pfeffer (Mühle) • 2 EL Zitronensaft • 150 ml Pilzfond • 2 EL trockener Weißwein • 2 EL Schmand

Für 4 Personen
Pro Portion: 11 g Fett - 435 kcal
Zubereitung: 45 Min.

1 Basilikum kalt abbrausen, trocken schütteln, die Hälfte der Blätter hacken. Mehl in eine Schüssel geben, 1 TL Salz darüberstreuen. Eier und Basilikum verquirlen, mit dem Mehl zu einem Teig verkneten, zur Kugel rollen, 1 Std. kalt stellen.

2 Teig auf bemehlter Fläche dünn ausrollen, in dünne Streifen von ungefähr 1,5 cm Breite schneiden und antrocknen lassen.

3 Pfifferlinge gründlich putzen. Schalotten schälen, hacken, die Hälfte mit dem Öl erhitzen, Pilze zugeben und 3 Min. braten. Mit Salz, Pfeffer und Zitronensaft würzen, Pilze herausnehmen.

3 Im Bratfett restliche Schalotten anschwitzen, Fond und Wein angießen, bei starker Hitze um ein Drittel reduzieren. Schmand einrühren, abschmecken, Pilze zugeben und noch einmal kurz erhitzen. Pasta in reichlich kochendem Salzwasser portionsweise garen (bis sie an der Oberfläche schwimmen). Die Pasta abgießen und abtropfen lassen. Mit der Soße auf Tellern verteilen, mit Basilikum garnieren.

Spaghetti Verdura mit Estragon

500 g Palerbsen • 250 g Brokkoli • 250 g grüner Spargel • 80 g Champignons • 2 kleine Zucchini • 1 EL Olivenöl extra vergine • 2 EL Gemüsebrühe • 2 EL Schmand • Jodsalz • weißer Pfeffer (Mühle) • 400 g Spaghetti • 100 g Blattspinat • einige Stiele Estragon • 1 EL Limettensaft • 1 TL Dijon-Senf

Für 4 Personen
Pro Portion: 7 g Fett - 394 kcal
Zubereitung: 40 Min.

1 Erbsen palen. Brokkoli waschen, in Röschen teilen, dicke Stiele schälen, klein schneiden. Spargel in 5 cm lange Stücke schneiden. Champignons putzen und vorsichtig mit Küchenkrepp abreiben. Zucchini waschen und alles in dünne Scheiben schneiden.

2 Öl in einer Pfanne erhitzen, Spargel, Brokkoli und Erbsen darin anschwitzen. Mit Brühe ablöschen, zugedeckt 8 Min. dünsten. Champignons und Zucchini zugeben, weitere 2 Min. dünsten. Schmand unterrühren, mit Salz und Pfeffer abschmecken.

3 Spaghetti in sprudelndem Salzwasser nach Packungsanweisung al dente garen.

4 Spinat putzen, gründlich waschen, dicke Stiele entfernen, Blätter grob hacken. Spinat zum Gemüse geben und kurz erhitzen. Estragon abbrausen, trocken schütteln, die Blättchen fein hacken.

5 Gemüse mit Limettensaft, Senf, Estragon und Pfeffer abschmecken. Nudeln abgießen, mit dem Gemüse auf Tellern anrichten, gleich servieren.

Gestaltung: Mirjana Parovic
Printed in Germany

www.lardon-media.com

Alle Rezepte verwenden Standard-Löffelmaße:

1 Esslöffel = 15 ml
1 Teelöffel = 5 ml

00:20
Texte / Fotos: Food & Foto, Hamburg
Redaktion: Claudia Lardon
ISBN 978-3-89769- 162-9

SOUP
Texte / Fotos: Food & Foto, Hamburg
Redaktion: Gudrun Hoffmüller
ISBN 978-3-89769- 095-0

ASIA
Texte / Fotos: Milchstrasse Syndication
Redaktion: Claudia Lardon
ISBN 978-3-89769- 097-4

SWEETS
Texte / Fotos: Food & Foto, Hamburg
Redaktion: Gudrun Hoffmüller
ISBN 978-3-89769- 096-7

PASTA
Texte / Fotos: Milchstrasse Syndication
Redaktion: Claudia Lardon
ISBN 978-3-89769- 098-1

Pasta alla capricciosa

1 Knoblauchzehe • 1 kleine rote Chili • 500 g vollreife Fleischtomaten • 2 EL Olivenöl • 1 kleine Dose Tomatenmark • Jodsalz • schwarzer Pfeffer (Mühle) • 4 eingelegte Anchovis (aus dem Glas) • 2 EL Kapern • 100 g schwarze Oliven ohne Stein • 400 g Spaghetti

Für 4 Personen
Pro Portion: 12 g Fett - 490 kcal
Zubereitung: 25 Min.

1 Knoblauch schälen und fein hacken. Chili entkernen und in feine Ringe schneiden. Tomaten kurz mit kochendem Wasser überbrühen, abschrecken, die Haut abziehen und die Kerne entfernen. Tomatenfruchtfleisch klein schneiden.

2 Öl in einem Topf erhitzen. Knoblauch und Chili darin andünsten. Tomaten und Tomatenmark zugeben. Sugo mit Salz und Pfeffer abschmecken, bei schwacher Hitze 10 Min. köcheln lassen.

3 Anchovis mit einer Gabel fein zerdrücken. Mit den übrigen Zutaten zur Tomatensauce geben und alles weitere noch 10 Min. köcheln lassen.

4 Währenddessen die Nudeln in reichlich kochendem Salzwasser al dente kochen und abgießen. Sorgfältig mit der Soße mischen, auf Teller verteilen und servieren.

Die Soße lässt sich (allerdings ohne Anchovis) auch gut einfrieren.

Tagliatelle mit Tomaten und Sardellen

400 g grüne aufgerollte Tagliatelle • Jodsalz • 150 g getrocknete Tomaten in Öl • 5 EL Öl (von den Tomaten) • 1 Schalotte • 2 Knoblauchzehen • 50 g Sardellenfilets (aus dem Glas) • 5 Zweige Thymian • schwarzer Pfeffer (Mühle) • 1 Prise Piment

Für 4 Personen
Pro Portion: 15 g Fett - 375 kcal
Zubereitung: 15 Min.

1 Nudeln in reichlich sprudelndem Salzwasser al dente kochen.

2 Tomaten in dünne Streifen schneiden. Öl in einer Pfanne erhitzen. Schalotte und Knoblauch schälen, würfeln, mit den Tomatenstreifen im Öl anbraten.

3 Sardellen unterheben. Thymian waschen, Blättchen abzupfen und zufügen.

4 Die Nudeln abgießen, abtropfen lassen und auf einer vorgewärmten Platte anrichten. Mit der Tomaten-Sardellensauce überziehen und mit Pfeffer und Piment würzen.

Sardellen werden in hochkonzentrierter Salzlake konserviert. Wem der Salzgeschmack zu intensiv ist, kann die Fische vor dem Verarbeiten 30 Min. in kaltem Wasser ziehen lassen oder in Milch einweichen und dann abspülen.

Eine geschmackliche und optische Alternative zum Gemeinen Thymian ist Zitronenthymian.

Bandnudeln in Tomatensauce

8 schön reife Tomaten • 500 g Nudeln (z.B. Bandnudeln oder Bavette) • Salz • 1 - 2 Knoblauchzehen • 1 Bund Basilikum • 6 EL Olivenöl • Pfeffer • 1 Prise Zucker • etwas gemahlener Chili aus der Mühle • 50 g Butter • ca. 100 g Parmesankäse

Für 4 Personen
Pro Portion: 34 g Fett - 790 kcal
Zubereitung: 15 Min.

1 Tomaten kreuzweise einritzen, kurz in kochendes Wasser tauchen, kalt abschrecken, Haut abziehen. Tomaten vierteln, entkernen. Tomatenviertel in mundgerechte Stücke schneiden.

2 Nudeln in kochendem Salzwasser nach Packungsanweisung zubereiten.

3 Inzwischen Knoblauch schälen, durch eine Knoblauchpresse drücken. Basilikum waschen, trocken tupfen, Blätter abzupfen. Tomaten, Knoblauch, Basilikum und 4 EL Öl mischen. Mit Salz, Pfeffer, Zucker und Chili würzen.

4 Butter in einer Pfanne schmelzen. Nudeln darin schwenken und die Tomatenmischung unterheben. Nochmals abschmecken und portionsweise anrichten. Mit 2 EL Öl beträufeln. Parmesan darüberreiben und servieren.

Penne Arrabiata mit Rauke

1 Zwiebel • 1 rote Chilischote • 2 EL Olivenöl • 1 EL Tomatenmark • 1 Dose (850 ml) Tomaten • Salz • Pfeffer • Chilipulver • Zucker • 400 g Nudeln (z.B. Penne) • 150 g Kirschtomaten • 1 kleines Bund Rauke (ca. 50 g) • Parmesanhobel zum Garnieren

Für 4 Personen
Pro Portion: 7 g Fett - 450 kcal
Zubereitung: 15 Min.

1 Zwiebel schälen und fein würfeln. Chilischote längs halbieren, Kerne entfernen. Schote klein schneiden.

2 Öl in einer Pfanne erhitzen. Zwiebel und Chili darin anschwitzen. Tomatenmark einrühren, mitschwitzen, dann Dosentomaten zugeben und 75-100 ml Wasser zugeben. Soße mit Salz, Pfeffer, evtl. Chili und etwas Zucker abschmecken und ca. 15 Min. bei mittlerer Hitze köcheln lassen.

3 Nudeln in kochendem Salzwasser nach Packungsanweisung zubereiten. Kirschtomaten waschen und halbieren. Ca. 2 Min. vor Garzeitende die Kirschtomaten zur Soße geben. Nudeln abgießen.

4 Rauke waschen, putzen und einige Blätter zum Garnieren beiseite legen. Übrige Rauke grob hacken. Kurz vor dem Servieren gehackte Rauke in die Soße geben und mit den Nudeln anrichten. Mit gehobeltem Parmesan garnieren.

Fettuccine mit Gemüse und Gorgonzolasauce

400 g Fettuccine • Jodsalz • 100 g junge Möhren • 100 g weißer Spargel • 150 g Zucchini • 1 TL Zitronensaft • 1 TL Weizenkeimöl • 1 TL Honig • Muskat • 80 g Gorgonzola • 1 Bund Kerbel • weißer Pfeffer

Für 4 Personen
Pro Portion: 8 g Fett - 440 kcal
Zubereitung: 15 Min.

1 Fettuccine nach Packungsanweisung in sprudelndem Salzwasser al dente kochen.

2 Möhren und Spargel schälen und in Julienne-Streifen schneiden. Zucchini gründlich waschen, trocken tupfen und ebenfalls in dünne Streifen schneiden. 100 ml Wasser mit Zitronensaft, Öl, Honig, 1 Prise Salz und Muskat aufkochen. Das Gemüse darin 3 Min. garen. Mit der Schaumkelle herausheben und beiseite stellen.

3 Gemüsefond etwas einkochen lassen. Gorgonzola zerbröckeln und hinzugeben. Unter Rühren schmelzen lassen. Nudeln abgießen und mit dem Gemüse in die Soße geben. Kerbel waschen, trocken schütteln und das Nudelgericht damit bestreuen. Mit gemahlenem Pfeffer garnieren.

Italienischer Gorgonzola hat einen kräftig-würzigen Geschmack. Wem Blauschimmelkäse allerdings zu intensiv schmeckt, der kann für dieses Rezept auch einen cremigen Frischkäse verwenden.

Penne mit Rauke und Büffelmozzarella

100 g Rauke • 1 Bund Basilikum • 1 Bund glatte Petersilie • 60 g Pinienkerne • 50 g geriebener Parmesan • 40 ml Geflügelfond (aus dem Glas) • Jodsalz • schwarzer Pfeffer (Mühle) • frisch geriebene Muskatnuss • 300 g Penne • 250 g Büffelmozzarella

Für 4 Personen
Pro Portion: 19 g Fett - 540 kcal
Zubereitung: 20 Min.

1 Rauke, Basilikum, Petersilie, Pinienkerne und Parmesan in einem Mixer fein zerkleinern. Geflügelfond erhitzen, Paste damit glatt rühren. Mit Salz, Pfeffer und Muskat abschmecken.

2 Penne in reichlich sprudelndem Salzwasser al dente kochen, gut abtropfen lassen und mit dem Raukepesto mischen. Mozzarella klein schneiden, darauf anrichten. Groben Pfeffer darüber mahlen und servieren. Zur Abwechslung können Sie Parmesan auch durch den aromatischeren Pecorino ersetzen.

Der in Deutschland angebotene Mozzarella wird nur selten aus Büffelmilch hergestellt. Doch die Suche lohnt sich! Den feinen Geschmack und die weichsaftige Konsistenz entfaltet er am besten bei Raumtemperatur oder zusammen mit heißen Nudeln.

Penne mit Bohnen-Lachs-Ragout

500 g Penne • Jodsalz • 250 g Kenia-Bohnen (oder junge Prinzess-Bohnen) • 3 Stiele Bohnenkraut • 1 Blatt Kaffir-Limette • 200 g Lachsfilet • 3 Lauchzwiebeln • 2 EL Sonnenblumenöl • 2 EL Dijonsenf • 3 Zweige Thymian • weißer Pfeffer

Für 4 Personen
Pro Portion: 13 g Fett - 618 kcal
Zubereitung: 40 Min.

1 Penne in sprudelndem Salzwasser nach Packungsanweisung al dente garen.

2 Die Bohnen putzen und waschen. Mit Bohnenkraut und Limettenblatt in 200 ml Wasser 6-8 Min. garen. Lachs im Stück auf die Bohnen legen und weitere 6 Min. im Sud ziehen lassen.

3 Lauchzwiebeln putzen, waschen, trocken tupfen und in dünne Ringe schneiden. Im Öl andünsten. Bohnen und Lachs aus dem Sud heben. Sud durchsieben, Lauchzwiebeln damit ablöschen, Senf einrühren, kurz einkochen. Lachs mit zwei Gabeln grob zerteilen. Mit Bohnen zu den Lauchzwiebeln geben. Mit Salz abschmecken.

4 Thymian waschen, trocken tupfen. Nudeln abgießen und unter das Lachsragout heben. Mit frisch gemahlenem Pfeffer und Thymianblättchen bestreuen.

Penne mit gegrilltem Gemüse

300 g Penne • Jodsalz • 2 Knoblauchzehen • 1 Chilischote • 1 Zucchino • 1 Fenchelknolle • 100 g gemischte Pilze (z.B. Champignons, Shiitake und Austernpilze) • frischer Thymian und Rosmarin • schwarzer Pfeffer (Mühle) • 1 Pck. Tomatensauce (370 ml) • 12 Kirschtomaten • 2 Stiele Petersilie

Zutaten für 4 Personen
Pro Portion: 5 g Fett - 340 kcal
Zubereitung: 30 Min.

1 Die Nudeln in sprudelndem Salzwasser nach Packungsangabe al dente kochen.

2 Den Knoblauch und die Chilischote fein hacken. Zucchino, Fenchel und Pilze klein schneiden. Das Gemüse in einer beschichteten Pfanne ohne zusätzliches Fett anbraten. Knoblauch und Kräuter zugeben. Mit Salz und Pfeffer würzen.

3 In einem separaten Topf Tomatensauce und Chili erhitzen. Die Pasta abgießen, abtropfen lassen und mit der Tomatensauce und den Kirschtomaten mischen. Gemüse darauf anrichten. Petersilie hacken und darüberstreuen.

Versuchen Sie das Gericht mit frischen Nudeln, die Sie abgepackt im Kühlregal im Supermarkt oder italienischen Spezialitätengeschäften bekommen. Sie halten sich 3 - 4 Tage im Kühlschrank.

Bucatini mit Knoblauchgarnelen

400 g Bucatini • Jodsalz • 4 Knoblauchzehen • 3 Zweige Oregano • 1 unbehandelte Zitrone • 6 EL Olivenöl extra vergine • 200 g TK-Garnelen, ohne Schale und entdarmt • schwarzer Pfeffer (Mühle)

Für 4 Personen
Pro Portion: 17 g Fett - 531 kcal
Zubereitung: 15 Min.

1 Nudeln in sprudelndem Salzwasser nach Packungsangabe al dente kochen.

2 Knoblauch schälen, in Scheiben schneiden. Oregano waschen, trocken tupfen und hacken. Zitrone heiß abwaschen, abtrocknen und in Scheiben schneiden. 3 Scheiben in Viertel schneiden.

3 Öl in einer großen Pfanne erhitzen. Knoblauch, Oregano, Zitronenviertel und tiefgefrorene Garnelen hineingeben. Unter Rühren 3 Min. garen, salzen. Nudeln abgießen, abtropfen lassen und unterheben. Mit Pfeffer bestreuen und mit den restlichen Zitronenscheiben anrichten.

Man mag ihn entweder gern oder gar nicht: Knoblauch. Unumstritten jedoch ist seine gesundheitliche Wirkung auf die Blutgefäße. Ältere Knoblauchzehen erkennt man am grünen Keim in der Mitte. Dann ist ihr Aroma bereits etwas streng und sie schmecken bitter.

Spaghettini mit scharfen Möhren

2 EL Kürbiskerne • 1 Bund Lauchzwiebeln • 750 g Möhren • 2 rote Chilischoten • 2 Knoblauchzehen • 1 EL Olivenöl extra vergine • Jodsalz • 3 vollreife Fleischtomaten (ca. 500 g) • 400 g dünne Spaghettini • einige Zweige Basilikum • schwarzer Pfeffer (Mühle)

Für 4 Personen
Pro Portion: 8 g Fett - 491 kcal
Zubereitung: 45 Min.

1 Kürbiskerne in einer Pfanne ohne Fett rösten, herausnehmen. Lauchzwiebeln putzen und waschen, Möhren gründlich putzen, evtl. schälen. Beides klein schneiden. Chili waschen, Stiele entfernen, Schoten längs halbieren, entkernen und fein hacken. Den Knoblauch schälen.

2 Öl in eine beschichtete Pfanne geben, Knoblauch dazupressen und erhitzen. Möhren und Chili hinzugeben, kurz anbraten, salzen, mit 100 ml Wasser ablöschen, 10 Min. zugedeckt dünsten. Nach 5 Min. Garzeit die Lauchzwiebeln hinzugeben.

3 Reichlich Salzwasser für die Nudeln erhitzen. Tomaten kreuzweise einritzen, mit kochendem Wasser überbrühen und häuten, Stielansatz und Kerne entfernen, Fruchtfleisch würfeln. Zu den Möhren geben, noch 10 Min. köcheln lassen.

4 Spaghettini nach Packungsangabe in sprudelndem Salzwasser al dente kochen, abgießen und abtropfen lassen. Basilikum kalt abbrausen, trocken schütteln, Blättchen grob hacken. Soße mit Pfeffer kräftig abschmecken, mit den Nudeln, Kürbiskernen und Basilikum anrichten, sofort servieren.

Fusilli mit Schinken & Salbei

500 g Fusilli • Jodsalz • 150 g Schalotten • 6 Blättchen Salbei • 4 EL Olivenöl extra vergine • 8 dünne Scheiben Parmaschinken • 2 EL gehobelter Pecorino • schwarzer Pfeffer (Mühle)

Für 4 Personen
Pro Portion: 14 g Fett - 567 kcal
Zubereitung: 25 Min.

1 Nudeln in sprudelndem Salzwasser nach Packungsangabe al dente kochen.

2 Schalotten schälen und vierteln. Salbei waschen, trocken tupfen und in Streifen schneiden. Beides im Olivenöl anbraten.

3 Nudeln abgießen, unterheben. Vom Parmaschinken eventuell den Fettrand entfernen. Nudeln mit Schinken, Pecorino und Pfeffer anrichten und servieren.

Salbei stammt wie viele andere Kräuter auch aus dem Mittelmeerraum. Er enthält Gerb- und Bitterstoffe, die antiseptisch wirken und ist ein langerprobtes Hausmittel bei Halsentzündungen. Die silbrig-grauen Salbeiblättchen würzen intensiv, deshalb vorsichtig verwenden.

Tagliatelle mit Thunfisch

je 1 rote und gelbe Paprika • 1 Fenchelknolle • 2 Knoblauchzehen • 1 TL Olivenöl • Jodsalz • 3 EL Gemüsebrühe • 400 g Tagliatelle • 300 g Thunfisch aus der Dose (naturell) • 3 Zweige Estragon • 1 TL Dijon-Senf • schwarzer Pfeffer (Mühle)

Für 4 Personen
Pro Portion: 12 g Fett - 520 kcal
Zubereitung: 25 Min.

1 Reichlich Salzwasser für die Nudeln zum Kochen bringen. Paprika und Fenchel putzen, halbieren, Stiel, Samen und Trennwände entfernen, beide Gemüsesorten waschen und in Streifen schneiden. Knoblauch schälen. Öl in einer beschichteten Pfanne erhitzen, Gemüse zugeben und anschwitzen, Knoblauch dazupressen, umrühren. Mit Brühe ablöschen und zugedeckt 6 Min. dünsten.

2 Nudeln ins sprudelnde Wasser geben und nach Packungsanweisung al dente kochen. Inzwischen Thunfisch abgießen und mit Küchenkrepp abtupfen, in mundgerechte Stücke zerteilen. Estragon kalt abbrausen, Blättchen vom Stiel zupfen und grob hacken.

3 Senf unter das Gemüse rühren, Fisch und Estragon dazugeben, vorsichtig mischen, salzen und pfeffern. Nudeln abgießen, abtropfen lassen und mit dem Thunfischgemüse vermengen. Auf 4 Teller verteilen, sofort servieren.

Lumacone mit Salbei und Schafskäse

300 g Lumacone • Jodsalz • 12 Salbeiblättchen • 3 Zweige Basilikum • 200 g Schalotten • 1 kleine rote Paprika (100 g) • 4 EL Olivenöl extra vergine • 2 EL eingelegte grüne Pfefferkörner • 50 g Schafskäse

Für 4 Personen
Pro Portion: 13 g Fett - 400 kcal
Zubereitung: 15 Min.

1 Nudeln in sprudelndem Salzwasser nach Packungsanweisung al dente kochen.

2 Salbei und Basilikum waschen, trocken tupfen. Schalotten schälen, in Ringe schneiden. Paprika waschen, trocken tupfen und fein würfeln.

3 Öl in einer großen Pfanne erhitzen. Salbeiblätter darin kross braten, herausnehmen. Schalotten und Paprika darin anbraten. Nudeln abgießen, untermischen. Pfefferkörner und Salbeiblätter unterheben. Mit Salz vorsichtig abschmecken.

4 Schafskäse würfeln. Basilikum in Streifen schneiden. Lumacome damit bestreuen.

Kennen Sie den eingelegten grünen Pfeffer? Hier werden die Körner besonders schnell getrocknet und sofort in Salzlake eingelegt. So bewahren sie ihre frische grüne Farbe. Das Aroma ist leicht zitronig-herb und sie sind nicht so scharf wie die weißen oder schwarzen Körner.

Austernnudeln in der Schale

2 Schalotten • 1 TL Olivenöl • $^1/_8$ l trockener Weißwein • Jodsalz • weißer Pfeffer (Mühle) • 200 ml Milch • 400 g Spaghettini • 16 frische Austern (Sylter Royal) • 1 EL Maiskeimöl • 2 EL Zitronensaft

Für 4 Personen
Pro Portion: 10 g Fett - 530 kcal
Zubereitung: 40 Min.

1 Schalotten schälen, fein hacken. Olivenöl erhitzen. Schalotten darin glasig dünsten. Mit Wein ablöschen und bei starker Hitze um zwei Drittel einkochen. Mit Salz und Pfeffer würzen. Mit Milch ablöschen und nochmals um die Hälfte reduzieren.

2 Nudeln in sprudelndem Salzwasser gar kochen. Austern öffnen, mit einem kleinen, spitzen Messer das Austernfleisch aus den Schalen lösen, abtropfen lassen. Schalen gründlich abbürsten und auf Tellern anrichten. Maiskeimöl erhitzen, Austern darin schwenken, bis das Fleisch kurz gegart ist, mit Salz, Pfeffer und Zitronensaft würzen.

3 Nudeln abgießen, gut abtropfen lassen und mit der Soße mischen. Nudeln mit einer Gabel aufdrehen und in den Austernschalen anrichten. Austern darauf anrichten, sofort servieren.

Spart Mühe und Zeit: Austern am besten bereits vom Fischhändler öffnen lassen. Damit die Austernschalen nicht rutschen, einfach grobes Meersalz auf den Tellern verteilen.

Tagliatelle mit Lammfilet und Kresseblüten

1 Bund Kapuzinerkresse • ca. 20 Kapuzinerkresseblüten • 2 rote Zwiebeln • 500 g Lammfilet • Jodsalz • weißer Pfeffer (Mühle) • 1 TL Paprika edelsüß • 1 EL Olivenöl extra vergine • 400 g Tagliatelle

Für 4 Personen
Pro Portion: 9 g Fett - 527 kcal
Zubereitung: 25 Min.

1 Reichlich Salzwasser für die Nudeln aufkochen. Kresseblüten und -blätter mit kaltem Wasser abbrausen, auf Küchenkrepp abtropfen lassen. Zwiebeln schälen, in dünne Ringe schneiden.

2 Lammfilet mit Krepp abtupfen, mit Pfeffer und Paprika einreiben. Im heißen Olivenöl von allen Seiten anbraten, bei mittlerer Hitze ca. 4 Min. weiterbraten, salzen. Nudeln im sprudelnden Salzwasser nach Packungsangabe al dente garen.

3 Fleisch aus der Pfanne nehmen und zum Warmhalten in Alufolie wickeln. Zwiebelringe und Kresseblätter im Bratfett andünsten. Inzwischen Nudeln abgießen und abtropfen lassen, dann im Bratfett schwenken. Lammfilet in 2 cm breite Scheiben schneiden und mit den Nudeln auf 4 Tellern anrichten. Mit Kresseblüten garnieren und sofort servieren.

Nudelauflauf mit Schafskäse

400 g Vollkorn-Hörnchennudeln • Jodsalz • 1 gelbe Paprika • 500 g Zucchini • 2 Zwiebeln • 1 TL Olivenöl extra vergine • schwarzer Pfeffer (Mühle) • 750 g vollreife Eiertomaten • 1 EL getrockneter Oregano • 120 g Schafskäse

Für 4 Personen
Pro Portion: 10 g Fett - 476 kcal
Zubereitung: 60 Min.

1 Nudeln in sprudelndem Salzwasser al dente garen, abgießen. Gemüse putzen und gründlich kalt waschen, Stielansätze entfernen. Paprika halbieren, entkernen, Trennwände und Samen entfernen, Fruchtfleisch würfeln, Zucchini in Scheiben schneiden. Zwiebeln schälen, fein würfeln.

2 Backofen auf 200 °C vorheizen. Öl und Zwiebelwürfel in einer beschichteten Pfanne glasig braten, Gemüse hinzugeben, 4 Min. unter Wenden weiter braten. Salzen und pfeffern. Tomaten kreuzweise einritzen, mit kochendem Wasser überbrühen, häuten und entkernen. Fruchtfleisch würfeln, mit dem Gemüse unter die Nudeln mischen, mit Oregano würzen und in eine gefettete Auflaufform füllen.

3 Schafskäse würfeln und über den Nudeln verteilen. Im Backofen auf mittlerer Schiene 25-30 Min. backen, bis der Schafskäse leicht gebräunt ist. Heiß servieren.

Orecchiette a l'italiana

1 Zwiebel • 1 Knoblauchzehe • 2 EL Olivenöl extra vergine • 500 g reife Flaschentomaten • 1 Lorbeerblatt • 3 schwarze Pfefferkörner • 100 ml Gemüsebrühe • 1 kleine Fenchelknolle • 500 g Blattspinat • Jodsalz • 400 g Orecchiette • schwarzer Pfeffer (Mühle) • 50 g schwarze Oliven

Für 4 Personen
Pro Portion: 13 g Fett - 504 kcal
Zubereitung: 60 Min.

1 Zwiebel und Knoblauch schälen, hacken, in 1 EL Öl glasig dünsten. Tomaten waschen, Stielansatz entfernen und grob würfeln. Tomatenstückchen, Lorbeerblatt und Pfefferkörner zu der Zwiebel geben, mitdünsten, aufkochen, Brühe angießen und bei schwacher Hitze ca. 20 Min. köcheln lassen, bis der Sugo um die Hälfte reduziert ist.

2 Fenchel putzen, waschen, in Scheiben schneiden. Restliches Öl im Topf erhitzen, Fenchel darin 5 Min. bei schwacher Hitze dünsten. Tomatensugo durch ein Sieb streichen, dazugeben. Weitere 10 Min. auf kleiner Hitze köcheln lassen.

3 Spinat verlesen, gründlich waschen, in kochendem Salzwasser portionsweise 2 Min. blanchieren, kurz in Eiswasser tauchen, gut abtropfen lassen und beiseite stellen.

4 Nudeln in Salzwasser nach Packungsanweisung al dente kochen. Soße mit Salz und Pfeffer würzen, Oliven entsteinen und hacken. Zusammen mit dem Spinat unter die Soße heben. Nudeln abgießen, abtropfen lassen und mit der Soße servieren.

Tagliatelle mit Krebsfleisch

400 g Bandnudeln • Salz • 1 Zwiebel • 4 Stiele Basilikum • 2 EL Butter • 200 g Krebsfleisch • 1 geh. EL Mehl • 100 ml Weißwein • 200 ml Fond (gerne Fisch- oder Hummerfond) • 250 g Schlagsahne • Pfeffer • Basilikum zum Garnieren

Für 4 Personen
Pro Portion: 26 g Fett - 670 kcal
Zubereitung: 15 Min.

1 Nudeln in kochendem Salzwasser zubereiten. Inzwischen Zwiebel schälen, fein würfeln. Basilikum waschen, Blätter abzupfen, größere hacken.

2 Butter schmelzen, Zwiebel und Krebsfleisch darin andünsten. Mit Mehl bestäuben, anschwitzen lassen. Unter ständigem Rühren mit Weißwein, Fond und Sahne ablöschen, ca. 2 Min. köcheln lassen. Mit Salz und Pfeffer abschmecken, Basilikum zufügen.

3 Nudeln und Soße portionsweise, mit Basilikum garniert, anrichten.

Basilikumnudeln mit Rauke

Für den Teig: 1 großes Bund Basilikum • 300 g Weizenmehl • 3 Eier • Jodsalz
Für die Soße: 3 getrocknete Tomaten in Öl • 150 g rosa Champignons • 2 EL Zitronensaft • 1 Knoblauchzehe • Jodsalz • 1 Bund Rauke • 50 g Pecorino • einige rosa Pfefferkörner

Für 4 Personen
Pro Portion: 13 g Fett - 427 kcal
Zubereitung: 35 Min.

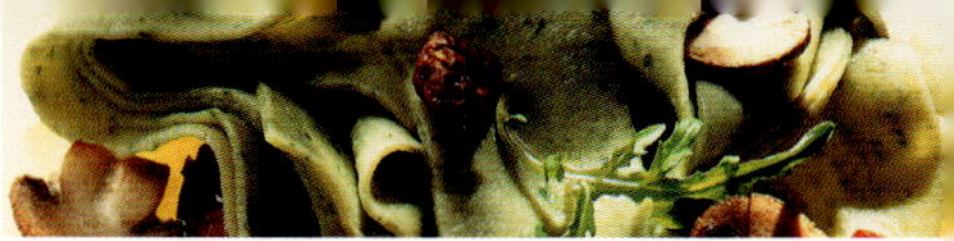

1 Basilikum abbrausen, trocken schütteln. Blätter von den Stielen zupfen, hacken. Mit Mehl, Eiern und 1 TL Salz zu einem Teig verkneten. Zur Kugel formen, mit Frischhaltefolie umwickelt 1 Std. im Kühlschrank ruhen lassen.

2 Teig auf leicht bemehlter Fläche dünn ausrollen. In 2 cm breite Bandnudeln schneiden. Kurz antrocknen lassen. Tomaten abtropfen lassen, Öl auffangen. Währenddessen Tomaten fein würfeln. Champignons putzen, mit Küchenkrepp oder feuchtem Tuch abreiben und in feine Scheiben schneiden. Mit Zitronensaft beträufeln und beiseite stellen.

3 Salzwasser zum Kochen bringen. Nudeln darin weich kochen. 1 TL des aufgefangenen Öls in der beschichteten Pfanne erhitzen, Pilze darin anbraten, Knoblauch schälen und dazupressen, salzen. Tomaten zugeben. Rauke waschen, in Stücke zupfen. Nudeln abgießen und abtropfen lassen, mit dem restlichen Öl der Tomaten (ca. 1 EL) mischen, dann Pilze, Tomaten und Rauke unterheben. Mit frisch geriebenem Pecorino und grob gemahlenem rosa Pfeffer servieren.

Tagliatelle mit frischen Wildkräutern

400 g Tagliatelle • Jodsalz • 1 unbehandelte Zitrone • 1 TL Ahornsirup • schwarzer Pfeffer (Mühle) • 1 EL Olivenöl extra vergine • 1 EL Weizenkeimöl • 2 große Bund gemischte Kräuter und Wildkräuter (z.B. Bärlauch, Kerbel, Brunnenkresse, Petersilie) • 50 g Pecorino

Für 4 Personen
Pro Portion: 10 g Fett - 460 kcal
Zubereitung: 20 Min.

1 Nudeln in reichlich kochendem Salzwasser nach Packungsangabe al dente garen. Währenddessen die Zitrone gründlich unter heißem Wasser waschen, trocken reiben. Etwa 1 TL Schale abreiben, dann den Saft auspressen. Geriebene Schale, Saft, Ahornsirup, Salz und Pfeffer kräftig verrühren und die Öle mit einer Gabel einrühren.

2 Kräuter kalt abbrausen, trocken schütteln, Blättchen von den Stielen zupfen, grob hacken.

3 Nudeln abgießen, gut abtropfen lassen, mit der Soße mischen, dann die Kräuter unterheben. Auf 4 Teller verteilen und Käse darüberhobeln.

Wenn Sie keinen Käsehobel haben, schneidet auch ein Sparschäler superfeine Scheiben vom Käseblock. Alternativ können Sie den Käse natürlich auch fein raspeln.

Tagliatelle schwarz, mit geräuchertem Lachs

400 g schwarze Tagliatelle • Jodsalz • 2 Eier • 3 EL Sherryessig • 2 EL Honig • 2 EL Dijonsenf • Saft einer Orange • 5 EL Olivenöl extra vergine • weißer Pfeffer • zerstoßene Korianderkörner • 150 g Räucherlachs • 1 Bund Dill

Für 4 Personen
Pro Portion: 15 g Fett - 603 kcal
Zubereitung: 30 Min.

1 Nudeln in sprudelndem Salzwasser nach Packungsanweisung al dente kochen. Eier 5 Min. kochen. Die Eier pellen, das Eiweiß für ein anderes Gericht verwenden.

2 Eigelbe mit Essig, Honig und Senf in eine Rührschüssel geben. Mit dem Mixer aufschlagen. Orangensaft und Öl einarbeiten. Mit Salz und zerstoßenem Pfeffer und Koriander abschmecken. Lachs in Streifen schneiden. Dill waschen und grob zerkleinern. Beides zum Dressing geben.

3 Nudeln abgießen, unter das Dressing heben und gleich servieren.

Schwarze Nudeln sind mit Tintenfischextrakt gefärbt. Es gibt sie in Feinkostgeschäften und sie sind nicht ganz billig. Mixen Sie sie mit den preiswerten weißen Tagliatelle! Das sieht toll aus – gerade mit Lachs.

Spaghetti mit Fenchel und Tomatensauce

1 Fenchelknolle (ca. 200 g) • 250 g Cabanossi (Wurst) • 1 mittelgroße Zwiebel • 1 Knoblauchzehe • 200 g Spaghetti • Salz • 1 EL Öl • 1 Packung (370 ml) Tomatenstückchen mit Kräutern • schwarzer Pfeffer

Für 4 Personen
Pro Portion: 28 g Fett - 450 kcal
Zubereitung: 15 Min.

1 Fenchel putzen, waschen, halbieren und in Streifen schneiden. Fenchelgrün beiseite legen.

2 Cabanossi in Scheiben schneiden, Zwiebel und Knoblauch schälen und fein würfeln.

3 Nudeln in kochendem Salzwasser nach Packungsanweisung zubereiten.

4 Öl in einem Topf erhitzen. Cabanossi und Fenchel darin anbraten, herausnehmen. Zwiebel und Knoblauch im Bratfett andünsten. Tomaten zugeben und einmal aufkochen. Mit Pfeffer würzen. Die Nudeln abgießen, abtropfen lassen.

5 Nudeln mit Cabanossi, Fenchel und Soße mischen. Fenchelgrün hacken und darüberstreuen.

Gnocchi mit Basilikumbutter

500 g Gnocchi (Kühlregal) • Salz • 1 Topf Basilikum • 2 Stiele glatte Petersilie • 2 - 3 EL Butter • Cayennepfeffer • 100 g Schlagsahne

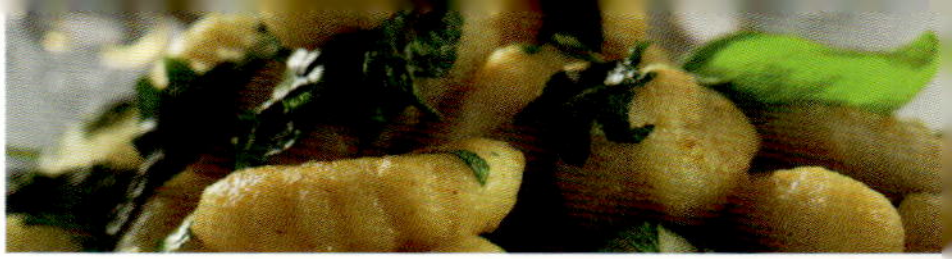

Für 4 Personen
Pro Portion: 12 g Fett - 310 kcal
Zubereitung: 15 Min.

1 Die Gnocchi in kochendes Salzwasser geben, ca. 2 Min. ziehen und abtropfen lassen.

2 Kräuter waschen, trocken schütteln und hacken.

3 Butter in einer Pfanne schmelzen. Gnocchi darin ca. 2 Min. braten. Mit Salz und Cayennepfeffer würzen.

4 Kräuter zufügen und alles schwenken. Mit Sahne ablöschen und kurz erhitzen. Auf Tellern anrichten.

Spaghettini mit Zucchiniblüten

2 Knoblauchzehen • 10 kleine Zucchini mit Blüte (ca. 600 g) • 4 Schalotten • 2 Zweige Estragon • 1 EL Olivenöl extra vergine • Jodsalz • schwarzer Pfeffer (Mühle) • 300 g Spaghettini • 1 EL Walnussöl • 40 g Pecorino am Stück

Für 4 Personen
Pro Portion: 11 g Fett - 390 kcal
Zubereitung: 30 Min.

1 Knoblauch schälen, Zucchini waschen, die Blüten abschneiden, beiseite legen. Knoblauch und Zucchini in Scheiben schneiden. Schalotten schälen, in Spalten schneiden. Estragon waschen, trocken schütteln, Blättchen vom Stiel zupfen, beiseite stellen.

2 Schalotten mit dem Olivenöl erhitzen, Zucchini hinzugeben, mit 2 EL Wasser ablöschen. Mit Knoblauch, Salz und Pfeffer würzen, Estragon hinzugeben und zugedeckt ca. 4 Min. dünsten. Zucchiniblüten kurz vor Garzeitende dazugeben.

3 Spaghettini nach Packungsangabe in sprudelndem Salzwasser al dente kochen. Abgießen, abtropfen lassen und noch heiß mit dem Nussöl mischen. Auf 4 Teller verteilen. Zucchini dazu anrichten, Pecorino darüberhobeln, sofort servieren.

So bereiten Sie die Zucchiniblüten vor: Die Blütenstempel mit einem spitzen, scharfen Messer herausschneiden. Die Blüte innen und außen vorsichtig mit kaltem Wasser abspülen. Vor dem Verarbeiten mit Küchenkrepp trocken tupfen.

Vollkornspaghetti auf Catfishsugo

400 g Vollkornspaghetti • Jodsalz • 400 g Catfishfilet (Zwergwels) • weißer Pfeffer • 500 g vollreife Tomaten • 200 g Staudensellerie • 3 Lauchzwiebeln • 2 EL Olivenöl extra vergine • 2 EL Rotweinessig • 1 TL Honig • 50 g marinierte schwarze Oliven, entsteint • 4 Zweige Oregano • 1 Prise Knoblauchpfeffer

Für 4 Personen
Pro Portion: 11 g Fett - 532 kcal
Zubereitung: 30 Min.

1 Vollkornspaghetti in sprudelndem Salzwasser nach Packungsanweisung al dente kochen.

2 Fischfilet kalt abspülen, trocken tupfen und würfeln. Leicht mit Pfeffer bestreuen.

3 Tomaten waschen, abtrocknen und achteln. Staudensellerie putzen, Fäden abziehen, Sellerie waschen und in fingerbreite Stücke schneiden. Lauchzwiebeln waschen, in Ringe schneiden.

4 Olivenöl in einer Pfanne erhitzen. Fisch darin von allen Seiten anbraten, herausnehmen. Gemüse hinzugeben und 5 Min. braten. Mit Rotweinessig und Honig abschmecken. Fisch und Oliven hinzufügen, kurz darin ziehen lassen. Oregano waschen, trocken tupfen und die Blättchen in die Soße streuen.

5 Nudeln abgießen, unterheben. Mit Knoblauchpfeffer bestreuen.

Tagliatelle mit Pfirsichpesto

400 g Tagliatelle • Jodsalz • 4 kleine Pfirsiche • 1 Knoblauchzehe • 1 Chilischote • je 1 Bund Petersilie, Dill und Schnittlauch • 1 Töpfchen Koriander • 3 EL Olivenöl • weißer Pfeffer • 1 TL Honig • 4 TL Mandelblättchen

Für 4 Personen
Pro Portion: 10 g Fett - 559 kcal
Zubereitung: 25 Min.

1 Tagliatelle in sprudelndem Salzwasser nach Packungsanweisung al dente kochen. Pfirsiche mit heißem Wasser überbrühen und die Haut abziehen. Früchte halbieren, entsteinen und je eine Hälfte in Spalten schneiden.

2 Knoblauch schälen, vierteln. Chili waschen, aufschneiden und entkernen. Kräuter waschen und trocken schütteln. Alles zusammen mit den Pfirsichhälften in eine Rührschüssel geben und mit dem Pürierstab pürieren. Öl dabei langsam zufügen. Mit Pfeffer und Honig abschmecken.

3 Mandelblättchen in einem Stieltopf ohne zusätzliches Fett bräunen. Nudeln abgießen. Sofort mit dem Pfirsichpesto mischen. Mit Fruchtspalten und Mandelblättchen anrichten.

Damit Ihre Nudelgerichte schön heiß auf den Tisch kommen, wärmen Sie eine große Pastaschüssel einfach mit dem aufgefangenen Nudelkochwasser an.

Nudelsalat mit Thunfisch

300 g Nudeln (z.B. Penne) • Salz • 1 Dose (115 g) Thunfisch-Filets (naturell) • 150 g stichfeste saure Sahne • 50 g Kapernäpfel (Glas) • Pfeffer • $^1/_2$ Salatgurke • 90 g Lauchzwiebeln • 2 grüne Paprikaschoten • 1 Bund Basilikum

Für 4 Personen
Pro Portion: 6 g Fett - 370 kcal
Zubereitung: 15 Min.

1 Nudeln in kochendem Salzwasser nach Packungsanweisung zubereiten.

2 Thunfisch abgießen und abtropfen lassen. $^{1}/_{3}$ des Thunfischs, saure Sahne und 1 EL Kapernsud pürieren. Mit Salz und Pfeffer kräftig abschmecken.

3 Gurke waschen, trocken reiben und in feine Scheiben hobeln. Lauchzwiebeln putzen, waschen und in Ringe schneiden. Paprika vierteln, entkernen, waschen und in mundgerechte Stücke schneiden.

4 Nudeln abgießen, abschrecken und abtropfen lassen. Nudeln, Gurke und Paprika vermengen.

5 Basilikum waschen und trocken schütteln. Hälfte der Blättchen von den Stielen zupfen und in feine Streifen schneiden. Basilikumstreifen zur Soße geben und unterheben. Restlichen Basilikum unter den Salat heben. Soße und Salat vermengen.

6 Restlichen Thunfisch in Stücke zupfen, vorsichtig unter den Salat heben. Mit Kapernäpfeln garnieren.

Penne Tricolore mit Thunfischcreme

500 g Penne tricolore • Jodsalz • 1 große rote Paprika (ca. 250 g) • 150 g Thunfisch naturell (aus der Dose) • 1 EL Senf • 3 EL Olivenöl extra vergine • weißer Pfeffer • 10 Kapernäpfel (aus dem Glas) • ca. 1 Bund glatte Petersilie

Für 4 Personen
Pro Portion: 10 g Fett - 559 kcal
Zubereitung: 20 Min.

1 Nudeln in sprudelndem Salzwasser nach Packungsanweisung al dente kochen.

2 Paprika unter dem vorgeheizten Grill einige Min. bräunen, kalt abspülen und die Haut abziehen. Kerne und Rippen entfernen, Fruchtfleisch in kleine Rauten schneiden.

3 Thunfisch und Senf mit dem Pürierstab pürieren. Öl nach und nach einarbeiten. Mit Pfeffer abschmecken. Kapernäpfel halbieren. Zusammen mit den Paprikarauten unter die Thunfischcreme ziehen.

4 Nudeln abgießen, unter die Creme heben. Petersilie waschen, trocken tupfen und hacken. Thunfischnudeln damit bestreuen.

Die leckere Thunfischcreme passt auch zu Brot. Dafür Olivenöl mit gehacktem Knoblauch, Petersilie und Basilikum verrühren. Ein Baguette an der Oberseite einritzen und die Creme in die Spalten füllen. Knusprig backen und noch heiß servieren.

Farfalle mit Spinat-Schinken-Soße

500 g Blattspinat • Jodsalz • 1 Zwiebel • 2 Knoblauchzehen • 100 g gekochter Schinken • 1 EL Sonnenblumenöl • 400 g Farfalle • 3 EL fettarme Milch • 1 EL Schmand • schwarzer Pfeffer (Mühle)

Für 4 Personen
Pro Portion: 10 g Fett - 441 kcal
Zubereitung: 25 Min.

1 Blattspinat putzen, dabei Würzelchen abknipsen, dann gründlich (am besten zwei Mal) waschen. Salzwasser für die Nudeln aufkochen.

2 Zwiebel und Knoblauch schälen, fein hacken. Schinken in Streifen schneiden. Alles mit dem Öl in einer Pfanne erhitzen, bis die Zwiebeln glasig sind. Spinat tropfnass zugeben, 4 Min. bei geschlossenem Deckel dünsten.

3 Die Nudeln ins kochende Salzwasser geben und nach Packungsangabe al dente kochen, abgießen.

4 Spinat mit der Milch ablöschen, Schmand unterrühren. Mit Salz und Pfeffer abschmecken. Nudeln untermengen, gleich servieren.

Als Variante können Sie auch Frühstücksspeck mit den Zwiebeln auslassen; dann wie beschrieben fortfahren. Allerdings bringt das mehr Fett und somit Kalorien.

Spaghetti mit Pilzsauce

500 g Champignons • 1 Zitrone • 2 Zwiebeln • 400 g Vollkornspaghetti • 1 EL Olivenöl extra vergine • 150 ml Gemüsebrühe • 1 Bund Petersilie • 2 EL Schmand • schwarzer Pfeffer (Mühle) • 30 g Parmesan • Jodsalz

Für 4 Personen
Pro Portion: 11 g Fett - 450 kcal
Zubereitung: 20 Min.

1 Reichlich Salzwasser für die Nudeln aufkochen. Zitrone auspressen, Saft beiseite stellen. Champignons putzen und mit einem feuchten Tuch vorsichtig abreiben, Stielenden abschneiden, Pilze in feine Scheiben schneiden, sofort mit 2 EL Zitronensaft beträufeln. Zwiebeln schälen und fein würfeln.

2 Nudeln in siedendes Wasser geben, nach Packungsangabe al dente garen. Öl erhitzen, Zwiebeln und Champignons zugeben, anschwitzen. Gemüsebrühe angießen und 3 Min. leise köcheln lassen.

3 Währenddessen die Petersilie unter kaltem Wasser abbrausen, trocken schütteln, Blättchen vom Stiel zupfen und fein hacken. Mit Schmand unter die Soße rühren, mit Salz und Pfeffer abschmecken. Parmesan fein reiben und beiseite stellen.

4 Nudeln abgießen, gut abtropfen lassen, mit der Soße vermengen, auf 4 Teller verteilen, mit Parmesan bestreuen und sofort servieren.

Tortiglioni gratiniert, auf Ratatouille

500 g Tortiglioni • Jodsalz • 1 große rote Paprika (ca. 250 g) • 1 Aubergine • 1 Zucchino • 1 Tomate • 1 Zwiebel • 1 Knoblauchzehe • 3 EL Olivenöl extra vergine • ½ Bund Thymian • 1 Zweig Rosmarin • gemahlener Piment • 2 Scheiben Vollkornbrot • 40 g geriebener Parmesan

Für 4 Personen
Pro Portion: 10 g Fett - 559 kcal
Zubereitung: 20 Min.

1 Nudeln nach Packungsangabe in sprudelndem Salzwasser al dente kochen.

2 Paprika, Aubergine, Zucchino und Tomate waschen, trocken tupfen und klein schneiden. Zwiebel und Knoblauch schälen und würfeln.

3 2 EL Öl in einem Topf erhitzen. Zwiebel- und Knoblauchwürfel darin anbraten. Restliches Gemüse und 3 EL Wasser zugeben. 8 Min. dünsten. Thymian und Rosmarin waschen, trocken tupfen und die Blättchen bzw. Nadeln zufügen. Mit Pfeffer und Piment würzen.

4 Eine breite Gratinform mit etwas Öl ausstreichen. Nudeln abgießen. Ratatouille einfüllen. Vollkornbrot zerbröseln. Mit Käse und dem restlichen Öl vermischen. Auf die Nudeln streichen. Unter dem Grill 2 Min. gratinieren.

Auberginen enthalten kaum noch Bitterstoffe: Man kann sie ohne vorheriges Entwässern verarbeiten.

Fettuccine mit Fenchel und Kräutern

500 g weiße Fettuccine • Jodsalz • 2 Fenchelknollen (300 g) • je 1 rote und gelbe Paprikaschote • 3 EL Olivenöl • 1 EL Zitronensaft • 3 EL frisch gepresster Orangensaft • 1 TL Honig • 1 Prise Piment • 1 TL Kurkuma • 1 Bund Basilikum • 1 Zweig Zitronenmelisse

Für 4 Personen
Pro Portion: 10 g Fett - 558 kcal
Zubereitung: 20 Min.

1 Fettuccine in sprudelndem Salzwasser nach Packungsanweisung al dente garen.

2 Fenchel und Paprika in Streifen schneiden. Olivenöl in einer großen Pfanne erhitzen. Gemüse darin anbraten. Mit Zitronensaft und Orangensaft ablöschen. Mit Honig, 1 Prise Salz, Piment und Kurkuma würzen.

3 Nudeln abgießen und sofort unter das Gemüse heben. Kräuter waschen, trocken tupfen. In dünne Streifen schneiden, die Fettuccine damit bestreuen.

Fenchelgrün eignet sich auch gut zur Dekoration von Gerichten.

Dinkelnudeln mit Erbsen und Chilidressing

750 g Erbsen in Schoten • 1 TL Sonnenblumenöl • Jodsalz • weißer Pfeffer (Mühle) • ½ Salatgurke • 2 Lauchzwiebeln • ca. 2 cm frischer Ingwer • 2 kleine rote Chilischoten • 3 EL Sojasauce • 2 EL Reisessig • 1 TL Sesamöl • 1 TL Distelöl • 300 g Dinkelnudeln

Für 4 Personen
Pro Portion: 10 g Fett - 393 kcal
Zubereitung: 20 Min.

1 Erbsen aus den Schoten palen. Sonnenblumenöl in einem beschichteten Topf erhitzen. Erbsen darin bei schwacher Hitze anschwitzen, mit 6 EL Wasser ablöschen, salzen und pfeffern. Zugedeckt bei schwacher Hitze 10 Min. dünsten. Reichlich Salzwasser für die Nudeln aufkochen.

2 Gurke schälen, längs halbieren. Die Kerne mit einem Teelöffel herausschaben, das Fruchtfleisch fein würfeln. Lauchzwiebeln putzen, waschen und in feine Ringe schneiden. Ingwer schälen und fein hacken. Chilischoten längs aufschneiden, entkernen und fein hacken. Vorbereitete Zutaten mit Sojasauce, Essig und den Ölen mischen.

3 Nudeln nach Packungsangabe al dente garen und abtropfen lassen. Gleich mit den Erbsen und dem Dressing mischen und servieren.

Vollkorngnocchi mit Basilikumcreme

300 g Vollkorn-Gnocchinudeln • Jodsalz • 4 Knoblauchzehen • 2 Bund Basilikum • je 40 g Pecorino und Parmesan • 40 g Pinienkerne • 2 EL Olivenöl extra vergine • 4 EL Gemüsebrühe • einige Kirschtomaten

Für 4 Personen
Pro Portion: 18 g Fett - 217 kcal
Zubereitung: 20 Min.

1 Die Gnocchi in sprudelndem Salzwasser nach Packungsangabe al dente kochen.

2 Knoblauchzehen schälen und grob hacken. Basilikum kalt abbrausen, trocken schütteln, Blättchen vom Stiel zupfen. Käse fein reiben. Vorbereitete Zutaten mit den Pinienkernen in den Mixer geben und zerkleinern.

3 Nach und nach das Öl und die Brühe einarbeiten, bis die Soße die gewünschte cremige Konsistenz besitzt.

4 Den Pesto mit den abgetropften Nudeln vermengen. Bei Wunsch mit halbierten Kirschtomaten garnieren und gleich servieren.

Nussspätzle mit Pfifferlingen

Für den Teig: 1 EL gemahlene Walnüsse • 370 g Mehl • Jodsalz • 6 Eier • 1 EL Maiskeimöl
Für die Soße: 4 Schalotten • 300 g Pfifferlinge • 1 EL Maiskeimöl • frischer Thymian • 1 Prise frisch geriebene Muskatnuss • Jodsalz • weißer Pfeffer • 1/2 Bund Schnittlauch

Für 4 Personen
Pro Portion: 15 g Fett - 560 kcal
Zubereitung: 20 Min.

1 Nüsse, Mehl, 1 TL Salz, Eier und Öl mit den Schneebesen des Handrührgerätes verrühren, bis der Teig Blasen wirft. Etwas quellen lassen.

2 Schalotten schälen und fein würfeln. Pilze putzen und bei Bedarf zerkleinern. Öl in einer Pfanne erhitzen, Schalottenwürfel darin anbraten. Pilze zugeben und unter Wenden 3 Min. braten. Mit Thymian, Muskat, Salz und Pfeffer würzen.

3 Reichlich Salzwasser aufkochen, von dem Teig jeweils 2-3 EL auf ein angefeuchtetes Holzbrett geben. Mit einem großen Messer feine, schmale Spätzlestreifen vom Teig in das kochende Wasser schaben. Wenn die Spätzle an die Oberfläche steigen, mit einer Schaumkelle herausheben, gut abtropfen lassen.

4 Die Spätzle noch heiß mit den Pilzen mengen. Schnittlauch in Röllchen schneiden und vor dem Servieren darüberstreuen.

Tagliolini mit frischen Trüffeln

300 g Tagliolini • Salz • 2 EL Trüffelpüree (aus dem Glas / Feinkostgeschäft) • 200 ml Milch • 100 ml Gemüsefond (aus dem Glas) • weißer Pfeffer • 1 gr. frischer schwarzer Trüffel • 2 - 3 Tropfen Trüffelöl

Für 4 Personen
Pro Portion: 4 g Fett - 330 kcal
Zubereitung: 20 Min.

1 Nudeln in reichlich sprudelndem Salzwasser al dente kochen.

2 Das Trüffelpüree mit der Milch und dem Fond bei starker Hitze sämig einkochen lassen. Mit Salz und Pfeffer abschmecken.

3 Nudeln abgießen, gut abtropfen lassen und mit der Soße mischen. Nudeln auf Tellern anrichten. Trüffel in hauchdünnen Scheiben darüberhobeln. Trüffelöl darüberträufeln.

Trüffel mit einer feuchten Nagelbürste sorgfältig reinigen. Am besten in Reis oder zusammen mit Eiern aufbewahren; so wird er vor Feuchtigkeit und damit Schimmel bewahrt und aromatisiert gleichzeitig seine Umgebung. Dunkle Trüffel vor dem Hobeln hauchdünn schälen. Die Reste zu Püree verarbeiten.

Statt frischer Trüffel können Sie auch mehr Trüffelpüree verwenden.